Katharina Zechlin

Weihnachtsbasteln

für groß und klein

Frech-Verlag Stuttgart

Diese Materialien sollte man im Haus haben:

- Lufttrocknende Modelliermasse
- Bastelfarben und Pinsel
- Kleister
- Transparentpapier
- Metallfolie
- Durchsichtige Klebefolie
- Dekowolle, transparent oder regenbogenfarbig
- Klarsichtfolie von alten Verpackungen oder Plastikmappen
- Leere Toilettenpapierrollen
- Laubsäge mit Sägeblättern
- 5 mm dickes Sperrholz

Fotos: Frech-Verlag GmbH + Co. Druck KG, D-70499 Stuttgart · Birgitt Gutermuth und Katharina Zechlin, Titel- und Rückseite: Fotostudio Ullrich & Co., Renningen

Auflage: 5. 4. 3. 2. | Letzte Zahlen
Jahr: 1997 96 95 94 93 | maßgebend

frech-verlag GmbH + Co. Druck KG, D-70499 Stuttgart

ISBN 3-7724-1701-9 · Best.-Nr. 1701

Druck: Frech-Verlag GmbH + Co. Druck KG, D-70499 Stuttgart

Hallo,

ich heiße Nina und bin 12 Jahre alt. Meine Geschwister und ich haben mit unseren Eltern und Freunden zusammen viel Weihnachtliches für dieses Buch gebastelt.

In der Adventszeit macht Basteln einfach besonders viel Spaß, weil man öfter als sonst mit der ganzen Familie gemütlich beisammensitzt, während es draußen vielleicht stürmt und schneit.

Besonders gut gefallen haben mir daher auch die Weihnachtsdekorationen, bei denen jeder in der Familie seinen Teil beigetragen hat, wie z.B. bei der Girlande (Seite 10) und dem Vogelbaum (Seite 46).

Wir Kinder finden es immer schade, wenn die mit Liebe und Mühe hergestellten Weihnachtsbasteleien schon nach vier Wochen wieder weggepackt werden. Deshalb haben wir uns mit unserer Mutter zusammen einige Vorschläge ausgedacht, die man eigentlich den ganzen Winter stehenlassen kann, wie z.B. die Astleuchter, die Leuchthäuser oder die Taubenlampe.

Bei manchen Sachen mußten wir viel Ausdauer und Geduld beweisen, man kann aber dann auch stolz sein, es geschafft zu haben.
Als Martin den Schwibbogen fertig gesägt und bemalt hatte und dieser von allen bewundert mit brennenden Kerzen im Fenster stand, war er mächtig stolz auf sein Werk! Und wir haben beschlossen, den Bogen jedes Jahr wieder aufzustellen.

Aber nicht alle Basteleien haben so viel Ausdauer gefordert. Viele Ideen in diesem Buch sind sehr dekorativ und trotzdem ganz schnell gemacht. Und auch für kleine Kinder findet man ein paar Anregungen.

Ganz besonders würden wir uns freuen, wenn man unsere Vorschläge nicht ganz genau nachmacht, sondern sie als Anregungen versteht, die man nach eigenem Geschmack verändert.

Gemütliche Bastelnachmittage wünscht Euch allen

Nina

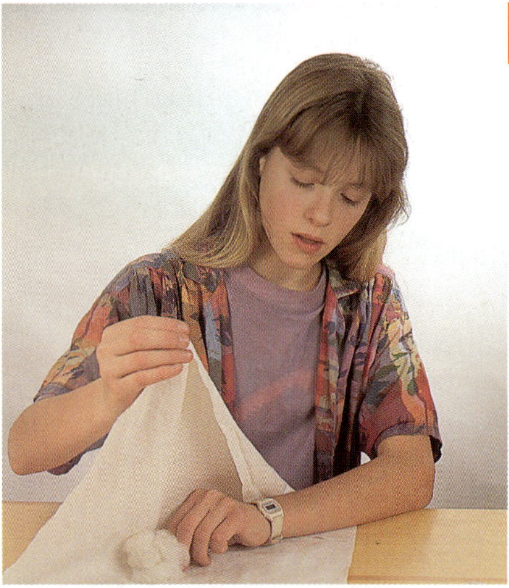

Schwebender Engel

Engelmutter und Kind schweben hier an einem mit Sternen geschmückten Ast und verbreiten weihnachtliche Stimmung.
Sie sind aus einem viereckigen Stück Tuch (altes Bettlaken, Taschentuch o.ä.) schnell und so einfach zu basteln, daß es Kinder ab etwa 8 Jahren allein können.

Nina zeigt, wie es geht:
Ein etwa 50 cm x 50 cm großes Stück weißes Tuch wird dreieckig zusammengelegt. Zwischen die Lagen wird in die Mitte ein Wattebällchen oder ein zur Kugel zusammengeknülltes Papiertaschentuch gelegt. Daraus entsteht der Kopf, der mit einem dünnen Faden abgebunden wird. Gleich ein Stück Faden zum Aufhängen dranlassen.
Die seitlichen Zipfel werden ein wenig aufgerollt und zu Händen zusammengebunden. Mit wasserfesten Filzstiften oder Bastelfarben das Gesicht aufmalen.
Wenn man möchte, befestigt man am Rücken mit einem kleinen Stückchen doppelseitigem Klebeband noch Flügel aus weißer Pappe. Wir fanden unsere Engel auch ohne Flügel schon sehr engelhaft.
Für die Haare verwendet man je nach Geschmack Dekowolle aus Gold- oder Regenbogenfolie; auch Lametta oder Streifen aus Metallpapier sind geeignet. Zur Not geht auch gelbe oder weiße Wolle. Sie glänzt allerdings nicht so schön. Mit Alleskleber oder einem Nähstich werden die Haare befestigt.

Die individuelle Ausgestaltung ihres Engels macht den Kindern besonders viel Spaß. Stellen Sie ein bißchen Spitzenstoff, ein paar glänzende Bänder, Glitzerpaste oder Goldpapier zur Verfügung. Sie werden staunen, wie kreativ die Kinder ihre Engel damit verzieren.

Die Engel mit den Arm- und Kopffäden an einen Ast hängen, den man noch mit Sternen oder Wölkchen verzieren kann. Wenn man den Engel an ein kleines Holzkreuz bindet, hat man eine Marionette, mit der die Kinder „Weihnachten" spielen können.

Schneemänner und Schneefrauen

Schneemänner basteln kann jedes Kind – und sei es noch so klein. Denn eine Kugel aus Ton oder lufttrocknender Modelliermasse ist ja nicht schwer zu formen.

Drei Kugeln für Kopf, Brust und Bauch sind schnell geknetet. Zwei Würste als Arme dransetzen und gut verschmieren – schon ist ein Schneemann fertig. Nun kann man ihn ausschmücken mit Hut, Schal oder einer Mütze, die auch eine Kerze tragen kann.

Ton ist für Kinder am leichtesten zu formen, denn die Teile lassen sich gut zusammenfügen. Bei Modelliermasse ist das Formen schwieriger, es empfiehlt sich daher, die Teile mit Zahnstocherstücken zu verbinden. Wenn doch etwas beim Trocknen auseinanderfällt, läßt es sich mit Alleskleber oder breiig angerührter Modelliermasse wieder zusammenfügen.

Nach dem Trocknen (etwa 2-3 Tage) wird alles mit Bastelfarbe bemalt. Die Farben etwas verdünnen oder mit feuchtem Pinsel auftragen, weil trockener Ton sehr viel Flüssigkeit aufsaugt.

Eine Kindergruppe hat an zwei Adventsnachmittagen die Schneemänner gebastelt und damit die Szenerie vom Foto aufgebaut. Auch ein Iglu mit einem Teelicht ist dabei und ein kleiner Tannenwald. Dafür einfach kleine Tannenzweige in Tonklümpchen einstecken.

Schneekristalle

Jedes Jahr basteln wir sie wieder mit Begeisterung: die **Schneesterne,** die bei jeder Bewegung so fantastisch schimmern und glitzern. Dabei sind sie ganz einfach zu machen.

Man braucht Glitzerfarbe aus der Tube und durchsichtige, etwas steife, glänzende Folie. Wir sammeln dafür Klarsichtdeckel von Verpackungen oder benutzen das Deckblatt von Plastikheftern. Kreise ausschneiden und direkt aus der Tube Schneekristallformen oder Phantasiesterne aufmalen. Nach dem Trocknen ein Loch durchpieksen, Faden dran – fertig!

Weihnachtsfenster mit Adventskalender

Weil im Dezember draußen oft eher Frühlingswetter als weihnachtlich-gemütliches Schneetreiben herrscht, beschlossen meine Kinder, sich so eine Landschaft ans Fenster zu malen. Unter vielen Schneeflocken und -wolken zieht der Weihnachtsmann seinen vollgepackten Schlitten durch den Tannenwald mit allerlei Getier.

Bei der Gestaltung dieses **Weihnachtsfensters** kann die ganze Familie mitmachen.
Zum Malen braucht man Plaka- oder Bastelfarben. Es eignet sich auch die preiswertere Wandfarbe. Mütter brauchen keine Angst zu haben, daß sich die Gemälde später nicht mehr entfernen lassen. So geht es ganz leicht: mit einem nassen Lappen das Bild etwas einweichen, dann mit einem Glasschaber, wie er für Keramikkochfelder benutzt wird, abschaben.

Aus 7 mm starkem Sperrholz haben wir eine große Wolke und einen Engel, der daraufgeleimt wird, ausgesägt. Alles wurde goldfarben, weiß und blau bemalt und teilweise mit Glitzerpaste verziert.
Aber der Clou sind die Lämpchen einer Lichterkette, die von der Rückseite aus durch genau passende Bohrungen gesteckt wird. Die Wolke beleuchtet abends die weihnachtliche Szenerie. Außerdem eignet sie sich auch noch als Adventskalender! Denn in einigen Bohrungen stecken Rundhölzer, an die man Päckchen hängen kann. Den Engel finden Sie als Vorlage auf dem Bastelbogen, die Wolke wird je nach dem vorhandenen Platz entworfen.
Noch ein Tip: Wenn man eine Außenlichterkette verwendet, kann man so eine leuchtende Wolke auch vor die Haustür hängen – zur Freude aller Besucher!

Kleine Figuren aus Modelliermasse

Beim Modellieren der **weihnachtlichen Figuren** hat die ganze Familie mitgemacht. Sie sind aus lufttrocknender Modelliermasse geformt und lassen sich ganz verschieden und vielseitig verwenden. Sie können als Päckchenanhänger dienen, an den Adventskranz oder Weihnachtsbaum gehängt werden oder die Naturholzleuchter (Seite 29) schmücken – oder man dekoriert sie so, wie wir es gemacht haben.

Das Formen der Figuren ist auch für Kinder kein Problem, denn alle Figuren entstehen nach einem einfachen System: aus nur zwei Grundelementen, Kugeln und Walzen, werden alle Figuren geformt. Die Schritt-für-Schritt-Aufnahmen zeigen das Vorgehen am Beispiel eines Weihnachtsmannes und eines Engels (siehe Seite 12).

Im ersten Arbeitsgang formen wir eine Kugel für den Kopf und eine etwas kegelförmige Walze für den Körper. Zwei dünnere Würstchen werden die Arme, zwei kurze dicke die Stiefel, und ein spitzes Röllchen soll der Hut werden.

Jetzt kommt der nächste Arbeitsgang: die Kugel wird zum Kopf, der Körper zum Mantel flachgedrückt; beides zusammenfügen. Die Armröllchen und Stiefel werden von hinten angedrückt und in die gewünschte Stellung gebogen. Die Zipfelmütze ebenfalls flachdrücken und auf den Kopf drücken.

Das Zusammenfügen der Teile muß sorgfältig geschehen, ein bißchen Spucke kann dabei nicht schaden. Bei dicken Teilen kann man auch ein Zahnstocherstück als Verbindung einstecken.

Manchmal lösen sich beim Trocknen einzelne Teile. Das ist aber leicht zu beheben: man klebt sie entweder mit Alleskleber

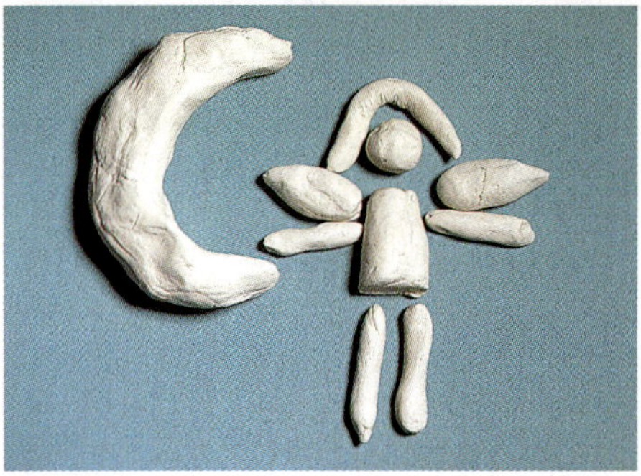

zusammen oder verbindet sie wieder mit breiig angerührter Modelliermasse.
Jetzt fehlt nur noch der Bart! Wir drücken ein angespitztes Röllchen flach auf das Gesicht und ritzen mit einem Zahnstocher „Kräuselung“ hinein.
Das Grundmodell ist nun fertig und muß auf einer dicken Lage Zeitungspapier trocknen. Natürlich kann es noch individuell ergänzt werden!
Zum Anhängen drückt man in die noch feuchte Modelliermasse eine Öse aus Draht (notfalls eine Büroklammer) ein.

Der Engel, der hier so niedlich auf der Mondsichel schaukelt, ist genau wie der Weihnachtsmann aus Kugeln und Röllchen modelliert.
Bei Kindern muß man manchmal darauf achten, daß sie nicht zu lange an den Einzelteilen formen, weil diese sonst zu trocken werden und dann schwierig zusammenzufügen sind.

Bemalt werden die Figuren mit Bastelfarben. Im Fachhandel gibt es eine große Auswahl an matten, glänzenden, transparenten oder metallisch-schimmernden Farben. Wichtig ist, daß sie wasserverdünnbar sind, dann lassen sich die Pinsel in Wasser reinigen. Die getrocknete Farbe ist wasser- und wetterfest, so daß man die bemalten Figuren sogar nach draußen hängen kann.
Zum Malen sollte man die Farbe ein wenig verdünnen, weil die trockene Modelliermasse die Farbe sehr stark aufsaugt. Da die Farben deckend sind, empfiehlt es sich, zuerst die großen Flächen anzumalen und dann die Einzelheiten draufzusetzen.

Bei unserer Fensterdekoration (Seite 11) haben wir zwei dickere Drähte mit Tannenzweigen bewickelt und als Bogen am Fenster befestigt. Die Figuren hängen an verschiedenfarbigen Bändern.

Originell ist auch diese Dekoration, bei der die Kerzen vor dem Fenster zu schweben scheinen.

Die Kerzenhalter sind selbstgemacht. Sie bestehen aus einer Holzscheibe (ca. 3 cm ø, aus dem Fachhandel) und dickem Draht, der S-förmig zurechtgebogen wird. Das kurze Ende wird durch eine passende Bohrung in der Scheibe gesteckt und dient den Kerzen als Halt.
Das längere Ende ist zum Haken umgebogen, in den die modellierten Figuren eingehängt werden. Durch ihr Gewicht halten sie die Kerzen gerade. Die Kerzenhalter hängen über einer Stange aus Rundholz oder Messing.

Hübsch sehen auch andere Anhängsel aus, z.B. kleine rote Äpfel, mit Sternen bemalte Naturkiesel, hübsche Steine mit Loch, die mit dünnen Drähten oder Bändern angehängt werden können. Der Phantasie sind dabei keine Grenzen gesetzt, nur schwer genug müssen die Anhängsel sein, damit die Kerzen im Gleichgewicht bleiben.

Glitzersterne

Weil sie so kinderleicht zu basteln sind, dabei aber herrlich glänzen und glitzern, haben die Kinder eine große Menge von diesen **Sternen** gebastelt, die man ans Fenster, an Zweige oder an den Tannenbaum hängen kann.

Man braucht selbstklebende transparente Folie, kleingeschnittene Schnipsel von Gold- und Metallpapier, eventuell Glitzersternchen und Glimmer.

Von einem Stück Folie das Schutzpapier abziehen, Schnipsel aufstreuen und vorsichtig mit einem Stück Folie überkleben. Dabei darauf achten, daß nicht zu viele Luftblasen entstehen.

Eine Sternschablone aus Pappe schneiden, auf der Folie mit Kugelschreiber umfahren und ausschneiden. Wenn die Sterne sehr steif oder besonders groß werden sollen, verwendet man als Deckblatt Folie von Klarsichtverpackungen oder Schnellhefterdeckeln.

Übrigens müssen es nicht immer Sterne sein: auch andere Formen, z.B. Tannenbäume, Wölkchen oder Engel sehen dekorativ aus.

Süße Engel

Wer sagt eigentlich, daß **Engel** immer brav und gesittet aussehen müssen? Diese hier haben freche Frisuren und gucken sehr keck von ihrer Wattewolke herunter. Sie haben als Überraschung eine kleine Süßigkeit im hohlen Papprollenbauch.

Für die Köpfe etwas Papier zusammenknüllen und dieses zuerst mit einem Papiertaschentuch, anschließend mit Regenbogenfolie oder Zellophan umwickeln.

Die Enden mit Klebefilm befestigen.

Wer das zu umständlich findet, kann als Kopf auch eine Styroporkugel nehmen.

Den Kopf am Körper, einer leeren Toilettenpapierrolle, befestigen.

Aus Zellophanwolle oder sogenannter Dekowolle aus Regenbogenfolie entstehen die Frisuren, die mit Alleskleber festgeklebt werden.

Halskrausen, Flügel und die Verzierungen an den Körpern entstehen aus Goldpapier, Folien und Bändern – ganz nach Lust und Phantasie der kleinen Bastler!

Die Süßigkeiten für den Bauch hat natürlich die Mutter spendiert – sie freut sich aber auch, wenn mal etwas für sie darunter liegt!

Schüttelkarten

Über diese **Weihnachtskarten** freuen sich die Empfänger sicher besonders: man kann nämlich mit ihnen spielen! Wenn man die Karten schüttelt, passiert etwas: der kleine Weihnachtsmann versinkt in einer Schneewehe, der Engel landet auf der Wolke und bei den Schneemännern schneit es Glitzerschnee. Man braucht durchsichtige Folie (z.B. Deckel von Klarsichtverpackungen, Hefterdeckel, Zellophan o.ä.) und beidseitig klebendes, möglichst dickes Klebeband. Es ist im Baustoffladen oder im Kaufhaus als Montageband zu bekommen und dient normalerweise dazu, Spiegel o.ä. anzukleben. Schneepulver, Glitzer, Sternchen usw. erhält man im Bastelladen.

Die Karte mit den Schneemännern haben die Kinder gebastelt. Auf blauen Tonkarton haben sie mit Bastelfarben die Schneemänner gemalt. Ein passend zurechtgeschnittenes Stück Folie wird an den Rändern rundherum mit einem Rahmen aus dem Montageband beklebt. Zu breites Band wird schmaler geschnitten. Auf drei Seiten zieht man das Schutzpapier ab und klebt die Folie über das Bild. Die vierte Seite bleibt offen, damit man die Karte füllen kann. Hier haben wir Schneepulver, vermischt mit etwas Silberglimmer, hineingefüllt. Jetzt vorsichtig das Schutzpapier vom Klebeband abziehen und die Karte schließen. Noch ein bißchen Schneegestöber auf Karte und Folie malen – fertig!

Der Weihnachtsmann wird mit Filzstiften oder Bastelfarben auf Tonkarton gemalt und ausgeschnitten.
Aus Folie und Klebeband einen Rahmen basteln, wie bei der Schneemannkarte beschrieben. Schutzpapier vom Klebeband an drei Seiten abziehen und den Rahmen auf blauen Tonkarton kleben.
Schneepulver und Weihnachtsmann, eventuell noch ein paar Sternchen, einfüllen und die vierte Seite verschließen.

Für die Engelkarte einen Engel auf Tonkarton zeichnen oder malen und ausschneiden. Aus Metallpapier Sterne und Wolke ausschneiden.
Die Schrift mit goldener Bastelfarbe aufmalen. Bei dieser Karte wird einfach Zello-

phanfolie mit Klebefilm auf drei Seiten auf weißen Tonkarton geklebt. Dann werden Engel, Sterne und kleine Glitzersterne eingelegt und die vierte Seite wird zugeklebt. Der Rand aus Klebefilm kann noch dekorativ bemalt werden.

Bestimmt haben Sie und Ihre Kinder noch mehr Ideen für Schüttel-Karten!

Adventskalender aus Jeansstoff

Meine Kinder lieben **Adventskalender.** Fast jedes Jahr gibt es einen anderen – immer nach eigenen Ideen und Entwürfen gestaltet.

Ein Ergebnis gemeinsamer Beratungen und Arbeit war die himmlische Wolke aus Jeansstoff mit gestickten Engeln und Sternen darauf. Bemalte Streichholzschachteln mit kleinen Überraschungen hängen daran.

Jedes Kind hat einen Engel nach eigenem Entwurf gestickt. Ein wenig sticken können sie meistens schon aus der Schule, einige Stiche habe ich ihnen gezeigt.

Das Grundgewebe ist ein beliebig heller Stoffrest (wir haben Nessel genommen), auf den dünn mit Bleistift oder einem speziellen Vorzeichenstift die Umrisse der Figur aufgezeichnet werden.

Sie wird je nach Belieben und Alter der Kinder mit Sticktwist oder Perlgarn und feinen oder gröberen Stickstichen ausgestickt. Das kann genauso ein einfacher Füllstich sein wie Ketten-, Kreuz- oder andere Zierstiche. Das Ergebnis wird auf jeden Fall ein Original sein!

Einfacher ist das Sticken für die Kinder, wenn man den Stoff in einen Rahmen (Handarbeitsgeschäft) spannt. Wenn Sie noch ein bißchen Glitzer- oder Goldgarn spendieren, macht das Entwerfen und Sticken noch mehr Spaß.

Vorder- und Rückenteil der Wolke wurden aus hellblauem Jeansstoff ausgeschnitten. Die Engel wurden mit einem kleinen Rand aus dem Nessel ausgeschnitten und auf das Vorderteil der Wolke aufgenäht. Das kann man auch mit der Maschine machen.

Detailaufnahme eines gestickten Engels

Kleine, mit Goldgarn aufgestickte Sterne und angenähte Messingringe zum Anbinden der Päckchen vervollständigen das Ganze.

Vorder- und Rückseite der Wolke von links zusammennähen, eine kleine Öffnung lassen. Mit Füllwatte locker ausstopfen und die Öffnung mit der Hand zunähen. Ein Band zum Aufhängen anbringen.

Wenn die Kinder noch zu klein zum Sticken sind oder die Ausdauer nicht reicht, kann man lustige Engel auch mit Stoffmalstiften auf hellen Stoff aufmalen. Es gibt eine große Auswahl an effektvollen Stoffmalstiften; es gibt Glitzerfarben aus der Tube, die aussehen wie gestickt, oder Farben, die man mit dem Fön aufplustern kann. Wer nicht nähen möchte, kann die Engel auch mit doppelseitig haftendem Klebevlies aufbügeln.

Weihnachtliche Tischdecke

Miriam schmückt hier einen kleinen Weihnachtstisch, für den sie die **Decke** mit Schneemännern und Schneesternen selbst bedruckt hat.

Auf etwas festes Papier oder Tonkarton hat sie einfache Formen gezeichnet und mit einer spitzen Schere so herausgeschnitten, daß die Form als Loch im Papier erhalten ist. So entsteht eine Schablone.

Und so einfach geht es weiter:

Miriam legt die Schablone auf den Stoff und hält sie mit einer Hand fest, damit sie nicht verrutscht.

Mit einem Borstenpinsel tupft sie Farbe zunächst an den Rändern entlang, dann in der Mitte auf den Stoff, bis die Figur mit Farbe ausgefüllt ist. Das wiederholt man, so oft man möchte. Wenn die Farbe angetrocknet ist, wird der Hut aufgedruckt usw.

Es ist schön, wenn man Stoffmalfarbe hat – unbedingt nötig ist das allerdings nicht. Wir haben weiße Bastelfarbe benutzt, die nach dem Trocknen wasserfest ist.

Wichtig ist aber, daß die Farbe nicht zu flüssig ist, weil sie sonst unter die Ränder läuft und die Konturen nicht scharf werden.

Außer Hut, Schal und Rute kann man mit dem Pinselstiel noch Augen oder ein paar weiße Pünktchen nach Belieben aufdrucken.

Die Formen müssen nicht kompliziert sein, um gut auszusehen! Einfache Sterne, Tannenbäume etc. können sehr dekorativ wirken, wenn die Farbzusammenstellung stimmt.

Mit Metallic-Stoffmalfarben in Gold, Blau und Grün haben wir auf dunkelblauem Chintz einen Probedruck gemacht (siehe Abbildung links) – das sieht super aus!

Engel aus Kleisterpapier

Mit der einfachen Kleistertechnik ist man in der Lage, große, leichte, dabei aber stabile Figuren zu formen. Für den Engel mit Glitzerhaaren, der hier so verschmitzt aus der Wäsche guckt, braucht man nur Kleister, Papier und Kreppklebeband.

Zunächst werden die Körperteile aus Zeitungspapier geformt. Für den Kopf knüllt man ein bis zwei Blätter zusammen, umwickelt die Knäuel mit einem Bogen Zeitungspapier und klebt die losen Enden mit Klebeband fest. Für das Gewand wird ebenfalls ein dickes Päckchen aus Zeitungspapierknäueln geformt und so verklebt, daß ungefähr eine Rockform entsteht.

Für die Arme rollt man die Zeitungen einfach zusammen. Mit dem Kreppklebeband lassen sich die Körperteile zusammenkleben. Nun ist etwas Geduldsarbeit nötig, denn der Körper wird jetzt mit einer Außenhaut versehen. Dazu reißt man weißes, festes Papier (z.B. Schreibmaschinenpapier) in Streifen und Stücke. Mit dick angerührtem Tapetenkleister werden die Streifen auftapeziert, und zwar mindestens drei Schichten stark. An Rundungen kleine Stücke aufkleben, damit sich keine Falten bilden. Man kann jederzeit auch noch dick zusammengefaltete Zeitung aufkleistern, wenn irgendwo noch „Fleisch" fehlt oder eine Rundung herauszumodellieren ist.

Aus dünner Pappe sind die Flügel ausgeschnitten. Sie werden durch aufgeklebte Papierstücke am Rücken befestigt und ebenfalls einmal überkleistert.

Das Anmalen haben die Kinder mit Bastelfarben besorgt. Der Engel bekam ein blaumetallicfarbenes Kleid mit einem phantasievollen Saummuster in Weiß und Gold. Die Flügel sind mit Gold eingerahmt und fein getupft.

Dekowolle aus Regenbogenfolie ist mit Alleskleber als Frisur angeklebt, die mit einer Goldschleife noch zusätzlich befestigt wird.

Der Engel kann als Adventskalender benutzt werden. Dafür haben die Kinder viele Faltschachteln gefaltet und mit Bändern angebunden.

In der gleichen Art lassen sich natürlich auch andere große Figuren herstellen. Witzig wäre z.B. auch ein großer Nikolaus, der einen Sack mit Päckchen trägt.

Wenn die Figur größer als 80 cm werden soll, benutzt man als Kern ein Grundgestell aus dünnem Kaninchendraht, das dann mit Zeitungspapier gepolstert und mit Packpapier verkleidet wird. Wenn mehrere Personen daran arbeiten, geht es auch relativ schnell. Deshalb ist das Formen von großen Kleisterfiguren auch eine lustige Bastelarbeit für eine Schulklasse oder Kindergartengruppe.

Bunte Weihnachtskugeln

Die bunt schimmernden **Weihnachtskugeln** lassen sich sehr vielseitig verwenden. Sie sehen in einer Schale arrangiert ebenso schön aus wie an einem bizarren Zweig oder am Weihnachtsbaum.

Dabei sind sie wirklich ganz einfach zu basteln – die Kinder werden mit Begeisterung mitmachen, weil das Ergebnis so farbenprächtig ist.

Und so werden die Kugeln hergestellt:
Styroporkugeln aus dem Bastelladen werden mit Stückchen aus Alufolie beklebt. Am besten geht das mit Alleskleber (vorher ausprobieren, ob der Kleber das Styropor nicht anlöst). Dabei kann man die Alu-Stückchen auch mal knittern, falten oder ein Stück Goldfolie dazwischenmixen.
Einen dünnen Faden zum Anhängen klebt man gleich mit an.

Nun werden die Kugeln bemalt. Wir haben transparente Glasmalfarben verwendet, und zwar „Wacolux“. Diese Farben sind zwar lösungsmittelhaltig, d.h. man muß die Pinsel mit Nitroverdünnung säubern, aber die Leuchtkraft ist intensiver als bei den wasserlöslichen Farben. Es gibt im Fachhandel eine Vielzahl von Glasmalfarben, z.B. auch metallisch- oder perlmuttfarben schimmernde, die toll aussehen und zu Experimenten reizen. Probieren Sie einfach einiges aus!

Wir haben eine raffinierte Mischtechnik angewandt: den Pinsel nicht bei jedem Farbwechsel säubern, sondern in die nächste Farbe gehen. Die Farbmischungen, die sich dadurch ergeben, sind toll. Sehr reizvoll sind auch Ton-in-Ton-Farben oder Mischungen mit Metallicfarben.

Da die Farben nicht schnell trocknen, bemalt man jeweils zuerst eine Hälfte. Das Foto zeigt, wie es am bequemsten ist: Man legt die Kugeln zum Malen auf eine Pappröhre oder ein Glas.

Wir kamen beim Bemalen auf viele weitere Ideen. Einige davon zur Anregung: Man kann die Kugeln auch einfarbig bemalen und mit Glitzerpaste verzieren, oder Glimmerteilchen auf die feuchte Farbe streuen. Sie können die Kugeln auch mit Regenbogenfolie oder patchworkartig mit verschiedenfarbigen Metallfolienstückchen bekleben.

Bestimmt haben Sie noch mehr Ideen!

Lichtergläser und Sterne

Ein Bastelvorschlag für die ganz Kleinen: die buntschimmernden Lichtergläser aus Transparentpapier werden immer wieder mit Begeisterung gebastelt.
Man braucht Transparentpapier, ein leeres Marmeladenglas und ein Schüsselchen angerührten Tapetenkleister (gibt es auch in kleinen Tüten zu kaufen).
Für einen Becher Kleister rührt man 1-2 Teelöffel Kleisterpulver in ein Trinkglas mit Wasser ein, rührt gut um und läßt diese Mischung 20 Minuten quellen.
Die Kinder reißen das Papier in kleine Stücke, reiben das Marmeladenglas mit Kleister ein und kleben die Schnipsel überlappend auf. Alles gut mit Kleister „eincremen"!
Durch das Übereinanderkleben entstehen dann die bunten Mischfarben. Nach dem Trocknen ein Teelicht hineinstellen – und das bunte Glas erstrahlt in den schönsten Farben!
Größere Kinder können auch Formen wie Sterne oder Wolken ausschneiden oder aufkleben. Mit der gleichen Technik kann man übrigens auch weiße Pappteller zu Weihnachtstellern machen oder ein großes Gemälde an die Fensterscheibe kleben.

Etwas größere Kinder können den bunten Stern falten, der am Fenster in den prächtigsten Farben leuchtet. Aus einem Mäppchen Transparentpapier trennt man die Seiten sauber heraus und hat nun schon

ein rechteckiges Format, das so gefaltet wird, wie die Zeichnung zeigt. Die einzelnen Sternspitzen werden in der Mitte am besten mit Klebestift zusammengeklebt.
So einfach die Sterne zu falten sind – so viele Variationen lassen sie zu! Auch aus nur ein oder zwei Farben gestaltet sehen sie schön aus, weil durch die aufeinanderliegenden Papierschichten helle und dunkle Farbschattierungen entstehen.
Ausgangsform zum Falten ist immer ein Rechteck, aber je schmaler das Rechteck, desto mehr Spitzen bekommt der Stern.
Viele kleine Sterne an einem Fenster sehen toll aus, aber sehr eindrucksvoll ist auch ein Riesenstern, der vielleicht ein ganzes Fenster füllt. Große Bögen Transparentpapier (Drachenpapier) bekommt man in Bastel- oder Schreibwarenläden.

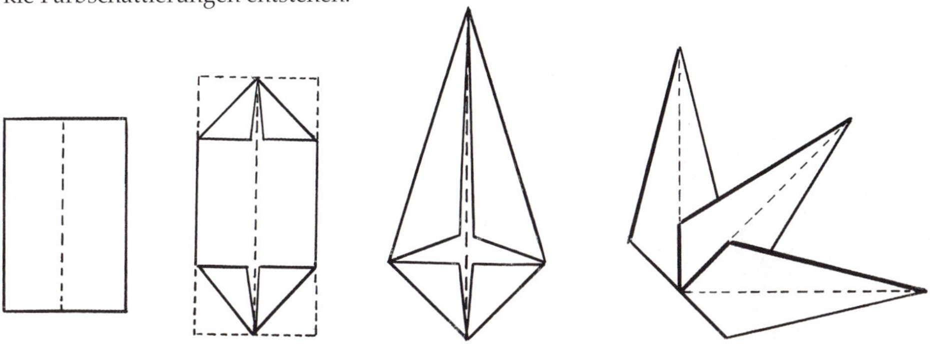

Ast-Leuchter und Minikrippen

Viele Äste, die man im Wald findet, lassen sich hervorragend zu rustikalen **Leuchtern** verarbeiten!

Ausgerüstet mit einem Fuchsschwanz, sägt hier Miriam passende Stücke aus einem Holz heraus – z.B. dort, wo die Äste sich verzweigen. Diese sollten natürlich wenigstens so dick sein, daß sie eine Kerze tragen können.

Zuhause werden die Aststücke noch einmal bearbeitet, z.B. die Schnittflächen so zurechtgesägt, daß die Kerze gerade darauf stehen kann.

Von dünnen Nägelchen zwickt man den Kopf mit einer Kneifzange ab und schlägt sie als Halt für die Kerze in die Schnittfläche ein. Man kann aber auch mit einer kräftigen Küchenschere aus dünnem Messingblech eine kleine Scheibe ausschneiden und als Tropfschutz mit einem Nägelchen auf dem Aststück befestigen.

Wenn es ganz schnell gehen soll, einfach die Kerzen mit einem Stückchen Kerzenklebewachs befestigen – hält bombenfest!

Als Fuß dient – einfacher geht's nicht – ein ausreichend großer Klumpen Ton oder Modelliermasse, der halbrund oder beliebig geformt wird und den Leuchter sicher hält.

Dies soll nur eine Anregung sein, mit den Ästen läßt sich noch viel mehr machen!

Statt der Halterung aus Ton könnte man auch Scheiben oder Klötze aus Holz benutzen.

Die Leuchter könnte man natürlich auch goldfarben oder knallbunt anmalen, wie die Weihnachtskugeln von Seite 25 mit Alufolie bekleben oder mit Sternen behängen.

Die Kinder fanden außerdem Rinden- und Holzstücke im Wald, die sie mit Moos, Aststückchen und Kerzen zu kleinen, ganz einfachen **Minikrippen** verarbeiteten.

Leuchthäuser und Räuchermännchen

Wunderschön gold- oder kupferfarben schimmern die **Leuchthäuser** auf der Fensterbank oder auf dem weihnachtlichen Kaffeetisch.
Man braucht dazu Metallfolie, die es in verschiedenen Stärken und Farben gibt (nicht zu verwechseln mit dem bunten Metallpapier auf Rollen, das es zu Weihnachten überall gibt). Dieses ist mit Papier kaschiert und daher brennbar! Echte Metallfolie ist nicht brennbar und wird u.a. zum Metalldrücken verwendet. In letzter Zeit ist sie manchmal schwer zu bekommen, es lohnt sich aber, im Bastelladen hartnäckig danach zu fragen, denn man kann vieles daraus machen, nicht nur zu Weihnachten.
Die Häuser bestehen aus zwei Giebelteilen und einem Mittelteil, die ausgeschnitten, gefaltet und mit Alleskleber zusammengeklebt werden. Das Schnittmuster finden Sie auf dem Vorlagenbogen. Die Konturen können Sie direkt mit einem Bleistift auf die Metallfolie durchdrücken.
Die Fenster in den Giebelteilen schneidet man mit einer spitzen Schere oder einem Cutter aus. Nicht vergessen, genügend Fenster und eine Schornsteinöffnung einzuschneiden, denn auch von nur einem Teelicht wird die Folie ganz schön warm!
Weil die Folie recht sperrig ist, sind die Häuser als Bastelarbeit für Kinder nicht so gut geeignet.

Die Kinder machen derweil aus der Folie lustige **Räuchermännchen.** Dazu wird ein Halbkreis aus Folie zum Kegel zusammengeklebt. Eine runde oder ovale Mundöffnung mit einer Nagelschere einschneiden. Eventuell mit Bastelfarben bemalen – das

geht allerdings am besten vor dem Zusammenkleben. Wer möchte, verpaßt dem Männchen eine kleine Röhre als Pfeife.
Einen Räucherkegel auf eine Untertasse stellen und anzünden, dann das Männchen darüberstülpen. Nach kurzer Zeit raucht es aus der Öffnung, und es verbreitet sich weihnachtlicher Duft.
Wenn der Kegel nicht genug glimmt, in den Rücken des Männchens eine Kerbe schneiden, damit mehr Sauerstoff nach innen gelangt.

Weihnachtsteller

Sie bestehen nur aus Papier und Kleister, sind ganz einfach zu machen, aber nützlich und sehr dekorativ: die **Weihnachtsteller** und Schalen für Nüsse, Kekse und Obst.

Wir brauchen eine Grundform ungefähr in der gewünschten Größe. Das kann ein Luftballon, eine Glasschale oder ein tiefer Teller sein.

Am Beispiel des Luftballons ist die Machart schnell erklärt: Er wird in einem Topf oder Eimer festgeklemmt. Man rührt ein Glas Tapetenkleister an und reißt Papier (Schreibmaschinenpapier, Packpapier oder alte Illustrierte) in Streifen und Stücke.

Der Ballon wird eingekleistert, die Papierstücke ebenfalls, und die Rundung wird tapeziert. Das muß in mehreren Schichten geschehen, denn je mehr Lagen es sind, desto fester und stabiler wird die Schüssel. Etwa 5-6 Lagen reichen für eine mittelgroße Schale. Dabei wechselt man beim Aufkleistern nach jeder Schicht die Farbe des Papiers, damit man besser sehen kann, wo man noch nicht geklebt hat.

Als letzte Schicht außen kann man dann Schmuckpapier aufkleistern, z.B. Weihnachts- oder Goldpapier. Trocknen lassen, den Luftballon herausziehen und die Ränder der Schale geradeschneiden. Jetzt wird die Schale innen mit Schmuckpapier in Streifen und Stücken beklebt.

Die blaue Schale mit den Äpfeln ist besonders groß: sie wurde über einem Kinderhüpfball geformt. Nach dem Trocknen haben wir sie mit blauer Bastelfarbe grundiert und mit einem goldenen Rand und Sternen bemalt. Mit einer Zahnbürste und einem Spritzsieb haben wir noch einen Farbschleier aus goldenen und weißen Pünktchen aufgesprüht. Das sieht wirklich gut aus!

Die hohe runde Schale wurde außen mit lila Seidenpapier und innen mit schwarzem Weihnachtspapier beklebt, das mit schimmernden Punkten bedruckt war. Die weißen Reißkanten geben der Schale den Pfiff.

Wie die Weihnachtskugeln von Seite 25 ist die kleine Schale gemacht – als Form wurde eine Glasschüssel benutzt und die Innenseite mit bunten Schnipseln von Alufolie und Goldpapier beklebt. Darüber haben wir transparente Glasmalfarben gemalt. Das schimmert märchenhaft in den schönsten Farben!

Für die Weihnachtsteller haben die Kinder einen großen, tiefen Eßteller benutzt, mit vier Papierschichten eingekleistert und den Teller nach dem Trocknen mit Bastelfarben bemalt. Nina hat den Rand ihres Tellers zur Sternform geschnitten und mit goldenen Punkten bemalt – das sieht auch schön aus.

Himmelsbogen

Der schlichte **Bogen** aus Messingblech sieht nicht nur mit Kerzenlicht dahinter schön aus, sondern auch, wenn Tageslicht durch Sterne und Mond leuchtet.

Mit der Blechschere wird der Bogen ausgeschnitten. Die Kanten mit der Feile glätten und die Sterne und den Mond mit wasserfestem Filzstift vorzeichnen.

In der Mitte der Sterne mit einem Nagel einen Punkt ankörnen und ein dünnes Loch durchbohren, durch das man ein feines Metallsägeblatt für die Laubsäge durchstecken kann.

Das Sägen erfordert etwas Geduld und Sorgfalt, damit die Spitzen der Sterne auch wirklich spitz werden. Den Bogen zwischen zwei Vierkantleisten mit Schrauben zusammenschrauben, damit er standfest wird.

Mit Metallputz schön glänzend polieren.

Leuchter aus Messingblech

Mond und Sterne als **Kerzenhalter sind** eigentlich auch nach Weihnachten noch hübsch anzusehen. Das goldfarbene Messingblech reflektiert den Kerzenschimmer. Da die Anfertigung kein übermäßiges handwerkliches Talent erfordert und auch recht schnell geht, ist so ein Leuchter auch ein originelles Geschenk.

Die Umrisse überträgt man mit Blaupapier direkt vom Vorlagenbogen auf das etwa 0,5 mm starke Messing- oder Kupferblech (zu bekommen in großen Eisenhandlungen). Mit einer kräftigen Haushaltsschere oder einer leichten Blechschere ausschneiden. Falls nötig, werden die Ränder mit einer Metallfeile entgratet.

Auf einer Holzunterlage schlägt man mit dem Hammer und einem Nagel die Punktumrandung ein. Ein Loch zum Aufhängen durchschlagen.

Wenn das Blech jetzt etwas verzogen sein sollte, klopft man es mit einem Holz- oder Gummihammer auf der Unterlage wieder plan. An einer Holzkante oder im Schraubstock den unteren Streifen nach vorne abkanten. Den kleinen Streifen über einem Rundholz oder Kochlöffelstiel zur Röhre runden und mit Zweikomponentenkleber auf die Halterung kleben.

Laubsägearbeiten

Das **Laubsägen** ist bei Kindern und Erwachsenen etwas in Vergessenheit geraten. Dabei ist es eine preiswerte, einfache Basteltechnik für alle Altersstufen.

In diesem Buch finden Sie einige Vorschläge für Kinder und Erwachsene, die Ihnen vielleicht Lust machen, es einmal zu versuchen.

Das ausgewählte Sperrholz sollte, besonders für Anfänger, nicht zu hart oder zu dick sein. Es eignet sich Sperrholz in den Stärken von etwa 5-8 mm.

Laubsägeblätter mit der Nummer 5 oder 6 sind für alle Arbeiten in diesem Buch geeignet.

Nützlich ist ein spezielles Laubsägebrettchen, das mit einer Zwinge am Tisch angebracht werden kann. Es ist preiswert in jedem Baumarkt zu haben.

Das Einspannen des Blattes muß man Kindern zeigen und manchmal helfen. Die Zähnchen des Sägeblattes müssen immer nach unten, d.h. zum Griff, zeigen.
Im allgemeinen zeichnet man mit Bleistift vor, was man aussägen möchte. Zu Beginn macht ein leichter Aufwärtsstrich mit der Säge eine kleine Kerbe in das Holz, so daß man nicht mehr abrutscht und in zügigen Auf- und Abbewegungen sägen kann. Sehr wichtig ist, daß man dabei nicht zu sehr nach vorn drückt, sondern den Bogen ganz locker auf- und nieder zieht. Dann kommt man gut vorwärts.

Möglichst im rechten Winkel zum Holz sägen, dann wird der Schnitt gerade und das Blatt bricht nicht. Bei Kindern ist es deswegen oft besser, daß sie beim Sägen auf dem Boden knien, dann befindet sich die Säge in Augenhöhe, und es fällt ihnen leicht, sie gerade zu halten.

Vor scharfen Winkeln oder Kurven sägt man auf der Stelle und dreht dabei langsam das Holz in die neue Richtung.

Bei herauszusägenden Innenteilen wird ein kleines Loch gebohrt, durch das das Sägeblatt von unten hindurchgeführt werden kann, bevor es an der oberen Schraube des Bogens festgezogen wird.

Am Anfang sägt man vielleicht zu verkrampft, das gibt sich aber nach kurzer Übungszeit.

Das ausgesägte Teil wird mit Sandpapier an den Kanten geglättet und ist dann fertig zum Bemalen.

Weihnachtliches Stilleben

Friedlich treffen sich zu Weihnachten die Tiere des Waldes. Da gibt es Igel, Fuchs, Hirsch und Hasen. Der Mond (auf einen Draht gesteckt) leuchtet herunter auf die Szenerie. Ein altes Blechtablett ist dick mit Erde und Moos ausgelegt, eingesteckte Tannenzweige und Farne bilden den Wald.

Mehrere Kinder haben hier zum ersten Mal mit der Laubsäge gearbeitet. Jeder hat ein oder zwei Figuren zu dem Stilleben beigesteuert. Ein Erwachsener hat ein dünnes Loch in die Unterkante der Figuren gebohrt und ein Stück Blumendraht eingesteckt. So lassen sich die Figuren fest in das Moos stecken.

Um das Sägen beim ersten Mal nicht zu schwierig zu machen, haben wir ziemlich dünnes Sperrholz verwendet. Günstiger ist eine Stärke von etwa 6-8 mm, weil das Loch für den Draht dann leichter zu bohren ist.

Wenn man das Moos ab und zu ein wenig gießt, bleibt es den ganzen Winter lang grün.

Sternenleuchter

Die schlichten **Sternenleuchter** kann man auch nach Weihnachten noch aufstellen.

Sie bestehen aus nur drei gesägten Teilen – jeweils aus einem Stern als Fuß, einem Stück Rundholz als Säule und einem kleineren Stück mit eingesägtem Kreis, in den die Kerze gesteckt wird.
Besonders schön sieht eine Gruppe dieser Leuchter in unterschiedlicher Höhe aus.

Das Material ist Kiefer-Sperrholz in 5 mm Stärke und Rundholz mit 28 mm ø.

Und so geht's:

Die Sterne (siehe Vorlagenbogen) werden mit der Laubsäge mit einem relativ feinen Sägeblatt ausgesägt, das Rundholz am besten auf einer Gehrungslade mit der Feinsäge.

Alle Teile fein schleifen und zusammenleimen. Den Fuß zusätzlich mit zwei dünnen Nägelchen von der Unterseite aus befestigen.

Damit die Leuchter wirklich schön aussehen, muß präzise gesägt werden. Daher ist diese Arbeit für Kinder nicht geeignet. Aber die Sternenleuchter ohne Säule sind leicht zu sägen, besonders wenn sie anschließend bemalt werden, so daß kleine Unregelmäßigkeiten nicht auffallen.

Die Kerzen haben noch besseren Halt, wenn man von der Unterseite her ein dünnes Nägelchen durchschlägt. Aber auch Kerzenklebewachs hält sie sicher.

Schwibbögen

Schwibbögen – das sind Lichterbögen, meistens aus Holz – sieht man an Weihnachten in vielen Fenstern. Sie stammen aus dem Erzgebirge und werden dort schon seit Generationen nach überlieferten Motiven hergestellt und in der Familie weitergegeben.

Mit einer Kindergruppe habe ich Schwibbögen nach eigenem Entwurf gestaltet. Die Umrisse und die Größe des Bogens wurden auf einem Zeichenblatt vorgegeben.

Einige grundsätzliche Dinge sind beim Entwerfen zu beachten: Figuren mit ihren Einzelteilen dürfen nicht zu dünn gezeichnet werden, weil man sie sonst nicht sägen kann und sie leicht abbrechen. Alle Teile müssen eine Verbindung zum Bogen haben, damit sie nicht herausfallen.

Ich war begeistert, wieviele originelle Entwürfe entstanden sind. Hier zeigen wir nur zwei – einmal den Bogen von Martin (11 Jahre) mit dem Weihnachtsmann, der seinen Schlitten durch den Wald zieht. Beim Aussägen und Anmalen hat er etwas Unterstützung und Ermunterung gebraucht, denn das ist nicht an einem Nachmittag zu machen. Umso stolzer sind die Kinder, wenn sie es dann geschafft haben.

Auf dem anderen Bogen ist Sterntaler mit den Tieren des Waldes zu sehen (siehe Titelbild). Dieser Bogen hat noch ein raffiniertes Extra: Sterne und Vogel hängen beweglich an dünnen Fäden am Bogen.

Die Anfertigung des Schwibbogens ist überhaupt nicht schwierig, erfordert aber etwas Übung im Sägen und Ausdauer, denn es sind ja Vorder- und Rückseite zu bemalen.

Machen Sie doch einen eigenen Entwurf! Wenn Ihnen aber diese Bögen so gut gefallen, daß Sie sie nacharbeiten möchten, finden Sie die Vorlagen auf dem Vorlagenbogen.

Und so geht's:

Man braucht ein Stück Sperrholz von etwa 50 cm x 35 cm Größe, mindestens 6 mm, besser 8 mm dick, Laubsägeblätter der Stärke 5, außerdem Kerzenhalter aus Holz aus dem Bastelladen.

Den Bogen und die beiden Träger mit Blaupapier auf Sperrholz durchpausen. Aussägen und zum Sägen von Innenteilen jeweils ein Loch bohren, durch das das Sägeblatt gesteckt werden kann. Alle Kanten fein schleifen. Die Schlitze der Träger der Holzstärke anpassen.

Die Kerzenhalter sind verschieden konstruiert:

Beim Nikolausbogen sind auf der Rückseite 2 cm x 2 cm dicke Holzklötze oder halbrunde Holzscheiben aufgeleimt, auf die dann die Kerzenhalter geleimt werden. Diese Konstruktion ist für Kinder sehr einfach machbar.

Beim Sterntalerbogen werden seitlich Schlitze eingesägt, in die runde Holzscheiben – selbst gesägt oder aus dem Bastelladen – eingeleimt werden. Die Schlitze müssen natürlich der Holzstärke angepaßt werden. Die Scheiben tragen die Kerzenhalter.

Die Bodenträger sollen stramm passen, werden aber nicht festgeleimt, damit man den Bogen zum Verwahren auseinandernehmen kann.

Die Bögen kann man direkt mit Bastelfarben bemalen oder zuerst eine Grundierung mit Einlaßgrund aufbringen, die nach dem Trocknen fein geschliffen wird. Die Holzoberfläche wird dadurch glatter.

Noch ein Tip:
Mit dem Fotokopierer lassen sich die Vorlagen von den Schwibbögen auf jede beliebige Größe bringen.

Sperrholz-Szenen

Der Schneemann wird von Raben besucht, Maria und Josef wachen an der Krippe – diese weihnachtlichen Szenen sehen schön aus auf der Fensterbank oder unterm Weihnachtsbaum.

Die Kinder haben sie aus 5 mm starkem Sperrholz ausgesägt und bemalt.

Die einzelnen Figuren haben unten Zapfen, mit denen sie in entsprechend groß ausgesägte Schlitze auf der Grundplatte gesteckt werden. So können sie leicht abgenommen und flach zusammengelegt aufbewahrt werden.

Wenn Sie sich einen großen Schwibbogen noch nicht zutrauen oder nicht soviel Zeit haben, wie wär's dann mit der Miniaturausgabe, die viel schneller gesägt ist, aber auch schön aussieht und sich prima zum Verschenken eignet?

Für den Schneemann und den Minibogen finden Sie eine Vorlage auf dem Vorlagenbogen. Die Krippe wird mit Sicherheit origineller, wenn Ihre Kinder sie selbst entwerfen!

Taube, Mond und Schneemann

Die Friedenstaube und der Mond sind stimmungsvolle **Leuchten,** die indirektes Licht verbreiten und von draußen und drinnen gleichermaßen schön anzusehen sind. Wir haben sie den ganzen Winter lang am Fenster.

Die Vorlagen finden Sie auf dem Vorlagenbogen. Übertragen Sie die Umrisse mit Blaupapier auf etwa 5 mm dickes Sperrholz. Wir haben Kiefer-Sperrholz verwendet. Achten Sie darauf, daß die Maserung der Form entsprechend verläuft.

Vorder- und Rückseite werden ausgesägt, die Kanten fein geschliffen. Die Bohrungen, durch die das Licht schimmert, werden nach Wahl mit etwa 3-5 mm starken Bohrern an den Umrissen entlang gebohrt. Auf einem harten Brett als Unterlage bohren, damit die Löcher auf der Unterseite nicht so leicht ausreißen.

Das Foto zeigt, wie die Lampe elektrisch ausgerüstet wird. Entsprechende Fassungen mit Kabel und Stecker kann man in jedem Baumarkt kaufen. Die Fassung wird in ein etwa 6 cm breites Brettchen eingepaßt, das zwischen Vorder- und Rückteil eingeleimt wird.

Vielleicht haben Sie eine Idee für einen eigenen Entwurf, z.B. eine Sternschnuppe oder eine Wolke.

Die Kinder fanden die Lampen wunderschön und wünschten sich eine ähnliche für das Kinderzimmer. So entwarfen sie den lustigen Schneemann, den Sie auf dem Foto unten sehen. Sie sägten ihn gemeinsam aus und bemalten ihn mit Bastelfarben.

Die elektrische Installation übernahm der Vater. Die Lampe ist eine Stehlampe, der Schneemann ist auf ein kräftiges Brett geleimt. Er könnte aber auch an der Wand hängen.

Vogelbaum

Der Vorschlag zu diesem originellen **Adventskalender** ging von meinen Kindern aus. Sie meinten nämlich, wenn man sich viel Mühe mit einem Adventskalender macht, sei es zu schade, ihn schon nach vier Wochen wieder wegzulegen.

So kamen wir auf die Idee mit dem Baum, der das ganze Jahr an der Wand hängt und ganz verschieden dekoriert wird. Ich entwarf den Baum, sägte ihn aus 5 mm starkem Kiefer-Sperrholz mit der Stichsäge aus und bemalte ihn unter Mithilfe der Kinder mit Ästen und einigen Tieren.

Mindestens 24 Bohrungen (6 oder 8 mm ø) werden auf den Ästen verteilt, in die entsprechend dicke Rundholz- oder Dübelstifte (etwa 4 cm lang) eingesteckt werden.
Der Baum ist jetzt bereit für die verschiedensten Dekorationen. In einem Jahr hängten wir bunt bemalte Stoffsäckchen daran, ein anderes Mal bastelten die Kinder kleine Weihnachtsmänner aus Filz mit einer Tasche, in die Süßigkeiten gesteckt wurden. In diesem Jahr zwitschern viele verschiedene Vögel und Vogelkinder am Baum und tragen in ihren Schnäbeln kleine Päckchen mit Überraschungen.
Jeder in der Familie hat einige Vögel auf Papier entworfen. Die Umrisse werden ausgeschnitten, auf Sperrholz umrahmt und ausgesägt. Das gemeinsame Bemalen mit Bastelfarben hat viel Spaß gemacht.

Ein Tip, den Kinder immer wieder brauchen:
Nicht die feinen Einzelheiten nebeneinander malen, sondern erst die Flächen (Flügel, Körper usw.) einfarbig anmalen und dann die Einzelheiten mit einem feinen Pinsel daraufsetzen.

Den Vögeln wird auf der Rückseite ein Klötzchen mit einer passenden Bohrung aufgeleimt, so daß sie auf die Stifte gesteckt und wieder abgenommen werden können. Diese etwas knifflige Arbeit kann vielleicht ein Erwachsener machen: man bohrt erst die Löcher in eine Leiste und sägt dann die Klötzchen auf einer Gehrungslade ab.

Der Baum ist natürlich nicht an einem Nachmittag gemacht. Aber die Arbeit lohnt sich, denn er sieht auch nach Weihnachten noch schön aus, wenn er von den Päckchen geplündert ist.

Am witzigsten werden die Vögel, wenn die Kinder (und die Erwachsenen) sie selber entwerfen. So wird es auch ein richtiger „Familienbaum".

Zur Anregung finden Sie einige Vogelmotive auf dem Vorlagenbogen, außerdem die Umrisse der aufgemalten Tiere. Der Baum ist als verkleinerte Skizze abgebildet, er ist im Original 150 cm hoch.

Noch ein Tip:
Auch eine Lichterkette, um die Stifte geschlungen, macht sich sehr gut.

Erst zu Ostern haben wir die Vögel abgenommen und stattdessen bunte Eier an die Stifte gehängt.